LÜGE, HASS UND ALGORITHMEN: MEINUNGSFREIHEIT IN DER DIGITALEN WELT

T0161671

VORTRAG IN DER FEIERLICHEN SITZUNG DER ÖSTERREICHISCHEN AKADEMIE DER WISSENSCHAFTEN AM 10. MAI 2019

LÜGE, HASS UND ALGORITHMEN: MEINUNGS- FREIHEIT IN DER DIGITALEN WELT[1]

MAGDALENA PÖSCHL

1. WOZU ÜBERHAUPT MEINUNGSFREIHEIT?

Die meisten Staaten dieser Welt garantieren den Menschen Meinungsfreiheit. Das erscheint uns heute selbstverständlich, doch ob die Meinungsfreiheit Zukunft hat, wird von manchen schon bezweifelt – auch und gerade im Angesicht der Digitalisierung. Wenn es so grundlegend wird, schadet es nicht, nachzufragen: Warum eigentlich soll es Meinungsfreiheit geben? Nach *Timothy Garton Ash* verbinden Demokratien mit diesem zentralen Menschenrecht gleich vier Hoffnungen:[2]

Wie alle Freiheitsrechte westlicher Prägung trägt die Meinungsfreiheit zunächst zur Selbstverwirklichung des Individuums bei. Daneben galt die Meinungsfreiheit ihren Erfindern aber auch als das beste Instrument, um der Wahrheit ein Stück näherzukommen oder zumindest die Lüge zu entlarven. Denn wo Meinungen frei ausgetauscht werden, entstehe ein „Markt der Ideen",[3] auf dem die belastbarste sich durchsetzt. Sodann macht die Meinungsfreiheit sichtbar, wie vielfältig die Gesellschaft ist. Das mag zu Spannungen führen, doch die Meinungsfreiheit hilft uns, diese Viel-

---

[1] Dieser Text greift in Teilen zurück auf *Pöschl*, Neuvermessung der Meinungsfreiheit? in Koziol (Hrsg.), Tatsachenmitteilungen und Werturteile: Freiheit und Verantwortung (2018) 31. Im Übrigen danke ich Herwig Mitter und Philipp Selim, die mich mit umfangreichen Recherchen unterstützt haben.

[2] *Garton Ash*, Redefreiheit. Prinzipien für eine vernetzte Welt (2016) 113 ff, 181 f.

[3] Näher zu dieser *John Stuart Mill* zugeschriebenen Begründung der Meinungsfreiheit *Holoubek*, Meinungsfreiheit und Toleranz – von den Schwierigkeiten einer Verantwortungsteilung zwischen Staat und Gesellschaft für einen vernünftigen Umgang miteinander, Journal für Rechtspolitik (JRP) 2006, 84 f; *Bezemek*, Freie Meinungsäußerung. Strukturfragen des Schutzgegenstandes im Rechtsvergleich zwischen dem Ersten Zusatz zur US Verfassung und Artikel 10 der Europäischen Menschenrechtskonvention (2015) 135 ff.

falt friedlich zu bewältigen. Wenn wir uns über unsere Unterschiede, die vermeintlichen wie die tatsächlichen, frei verständigen, bestehen nämlich gute Chancen, dass wir deshalb nicht tätlich werden – so lautet eine weitere Hoffnung. Gerade weil die Meinungsfreiheit zur Wahrheitsfindung und zur friedlichen Vielfaltsbewältigung beiträgt, ist sie schließlich staatstragend im buchstäblichen Sinn. Sie liegt am Fundament der Demokratie, in der die Medien eine herausragende Rolle spielen: Sie beschaffen, prüfen und vermitteln Informationen, um uns über die Welt ins Bild zu setzen, aber auch, um den Staat zu kontrollieren. Diese „vierte Gewalt"[4] soll uns – so die Idealvorstellung – befähigen, wohlinformiert und nach dem freien Austausch aller Argumente zu entscheiden, wer uns regieren soll.

2. EUPHORIE UND ENTTÄUSCHUNG DER DIGITALISIERUNG

Das Internet wurde in seiner Gründerzeit als grandiose Stärkung der

Meinungsfreiheit gefeiert,[5] nicht von ungefähr: Es stößt in unseren territorial bestimmten Kommunikationsräumen gleichsam die Fenster auf und erschließt uns die Welt. Da wir auf nahezu unbegrenzte Information sekundenschnell zugreifen können, würden wir, so glaubte man, der Wahrheit viel rascher näherkommen. Da wir uns im Netz nicht sehen, so dachte man ferner, würden als trennend empfundene Faktoren wie Hautfarbe, Geschlecht und Religion bedeutungslos werden. Und da wir uns mühelos und friedlich über alles austauschen können, werde schließlich die Demokratie eine neue Blütezeit erleben. So schien das Internet ein „virtueller Ort der Verheißung"[6] – die Verheißung hat sich nur nicht

erfüllt, aus einer Reihe von Gründen. Bekanntlich ist unser Zugang zu Information im Internet von mächtigen Intermediären bestimmt – Google, YouTube, Facebook, Twitter. Ihrem Geschäftsmodell folgend, versorgen sie jeden von uns mit einem maßgeschneiderten Informationspaket und schirmen uns damit von Meldungen ab, die nicht in unser Weltbild passen – ein Angebot, das man zwar nicht annehmen muss, das aber oft angenommen wird.[7] In dieser behaglichen Filterblase[8] verweilen Menschen lange auf den ihnen zugewiesenen Seiten und bescheren den Intermediären damit stattliche Werbeeinnahmen. Zudem finden User im Netz mühelos Gleichgesinnte, die sie in Echokammern[9] in ihren Meinungen bestärken, auch wenn sie sich den vielen Gegenwelten, die in scharfem Kontrast

---

[4] Zu dieser Rolle der Medien *Bezemek*, Die Unabhängigkeit der Medien vom Staat, in Berka/Grabenwarter/Holoubek (Hrsg.), Unabhängigkeit der Medien (2011) 23 (24).

[5] *Garton Ash* (Fn. 2) 36, 38 f; *Pörksen*, Interview „Das Internet ist wie gemacht für Donald Trump" NZZ 19.11.2017, https://nzz.ch/video/nzz-standpunkte/das-internet-und-die-neue-medien-unordnung-ld.1328153?mktcid=nled&mktcval=107_2017-11-20 (31.8.2019) ab Minute 4.10; *Balkin*, Free Speech in the Algorithmic Society. Big Data, Private Governance, and New School Speech Regulation, UC Davis Law Review 51 (2018) 1149 (1151), https://lawreview.law.ucdavis.edu/issues/51/3/Essays/51-3_Balkin.pdf (31.8.2019).

[6] So *Gujer* im Interview mit *Pörksen* (Fn. 5) ab Minute 3.20.

[7] Auf diese Mitverantwortung der Userinnen und User verweist zu Recht *Pörksen*, Die große Gereiztheit. Wege aus der kollektiven Erregung (2018) 56.

[8] *Pariser*, The Filter Bubble. What the Internet Is Hiding from You (2011).

[9] *Brodnig*, Lügen im Netz[2] (2018) 60 ff; zum Phänomen der Gruppenpolarisierung allgemein und im Besonderen im Netz *Sunstein*, #republic. Divided Democracy in the Age of Social Media (2017) 68 ff; *Schmidt*, Social Media[2] (2018) 70 f.

zur eigenen Welt existieren, letztlich nicht entziehen können.[10] So wurde unsere vormals kleine analoge Welt durch das Internet zunächst zwar unendlich weit; doch in Windeseile haben wir diesen riesigen Kommunikationsraum wieder in kleine Gesinnungsdörfer zerlegt. Sie zeigen, wie enorm vielfältig wir sind, aber auch, wie viel uns weltanschaulich trennt. Die Redebedingungen im Netz machen es schwer, diese Gegensätze friedlich zu verhandeln: Oft kommuniziert man anonym, meist erhält man keine direkte Reaktion, nie sieht man sein Gegenüber und merkt daher nicht, was das Geschriebene auslöst[11] – so mehren sich im Netz hasserfüllte Reden, die durch Algorithmen noch verstärkt werden. Mitnichten wird unsere Vielfalt in der digitalen Welt also friedlich bewältigt: Sie wird zu Einfalt kleingefiltert und schlägt dann in Zwietracht um. Nicht erfüllt hat sich auch die Erwartung, im Netz werde die Meinungsfreiheit eine Suchmaschine für die Wahrheit sein, denn das Internet ist bekanntlich voll von Lügen. Auch

sie finden in Echokammern einen fruchtbaren Boden. Die absurdesten Behauptungen werden dort ungeprüft geglaubt, nicht zuletzt, weil sie von Gleichgesinnten kommen, denen man ja vertraut.[12] Zugleich ziehen solche Meldungen Aufmerksamkeit auf sich, die den Intermediären weitere Werbeeinnahmen bringt. All das, so wird befürchtet, gefährdet die Demokratie: Wenn die Gesellschaft in viele unverbundene Fragmente zerfällt, wo soll dann der demokratische Diskurs stattfinden?[13] Freilich könnte man zurückfragen, ob es die *eine*, alle integrierende Öffentlichkeit denn je gab. Eher ist es wohl so, dass sich die Öffentlichkeit gerade refragmentiert, also in neue Fragmente zerfällt. Wie schwer es ihnen fällt, zusammenzufinden, wird in Wahlkämpfen besonders spürbar. So lancieren Wahlwerbende in verschiedenen Communitys je unterschiedliche Botschaften, umgekehrt kursieren über Wahlwerbende in jeder Community andere Lügen. Zu-

sätzlich kommen vor Wahlen Social Bots zum Einsatz,[14] also Computerprogramme, die wie Menschen auftreten, aber die Öffentlichkeit – viel effektiver als ein Mensch es je könnte – manipulieren, indem sie desinformieren, Mehrheiten vortäuschen und Sachdiskussionen durch Provokation zerstören. All das geschieht im Namen der Meinungsfreiheit, die die Demokratie dann freilich nicht mehr stärkt, sondern zu untergraben droht. Wenn sich schon alle kollektiven Hoffnungen zerschlagen, bleibt die Frage, ob die Meinungsfreiheit zumindest ihre ureigenste Funktion erfüllt: Hilft sie dem Individuum noch, sich selbst zu verwirklichen? Sogar das kann man bezweifeln. Denn zum einen bestimmen die Intermediäre maßgeblich mit, was wir von der Welt erfahren. Zum anderen bezahlen wir ihre Dienste mit

---

[10] *Pörksen* (Fn. 7) 119 ff et passim erklärt damit die große Gereiztheit des öffentlichen Diskurses.

[11] *Brodnig*, Hass im Netz (2016) 13 ff.

[12] *Sunstein* (Fn. 9) 98 ff. Zu weiteren Faktoren, die Falschnachrichten im Internet begünstigen, *Pörksen* (Fn. 7) 34 ff.

[13] Näher zu diesen Bedenken z. B. *Sunstein* (Fn. 9) 6 ff, 57, 252 ff.

[14] *Milker*, „Social-Bots" im Meinungskampf, Zeitschrift für Urheber- und Medienrecht (ZUM) 2017, 216 ff; *Steinbach*, Social Bots im Wahlkampf, Zeitschrift für Rechtspolitik (ZRP) 2017, 101 ff; *Schulz u. a.*, Algorithms and Human Rights. Council of Europe Study on the human rights dimensions of automated data processing techniques and possible regulatory implications, DGI(2017) 12, 30 ff, https://rm.coe.int/algorithms-and-human-rights-en-rev/16807956b5 (31.8.2019); *Schmidt* (Fn. 9) 73 f.

unseren Daten, die die Intermediäre systematisch auswerten und für Werbezwecke nutzen; zugleich werten Unternehmen unsere digitalen Spuren aus, um unsere Bonität zu ermitteln, Personalentscheidungen zu treffen oder unsere politischen Präferenzen auszukundschaften. All das kann die freie Rede lähmen, genauso wie der raue Ton im Netz: Dass dort ganz harmlose Aussagen regelrechte Hasslawinen auslösen können, bringt Menschen zunehmend zum Schweigen.[15]

Sieht man es so, werden unsere Erwartungen an die Meinungsfreiheit im Internet auf allen Linien enttäuscht, ja fast fragt man sich: Verschlingt die Revolution der Meinungsfreiheit gerade ihre Kinder – Selbstverwirklichung, Wahrheitsfindung, friedliche Vielfaltsbewältigung, Demokratie –, um am Ende den Despotismus zu gebären?

3. ZEIT FÜR REALISMUS: REGULIERUNGSPROBLEME IM INTERNET

Realistisch betrachtet, ist diese Enttäuschung nur ein Gegenbild zu den hochfliegenden Erwartungen, die wir an die Meinungsfreiheit im Netz hatten. Beides war und ist übertrieben. Es wird Zeit einzusehen, dass die digitale Welt weder eine Utopie ist noch eine Dystopie.[16] Sie führt uns allerdings mit großer Schärfe vor Augen, wie machtvoll die Meinungsfreiheit ist. Stärker noch als die beim Staat monopolisierte Gewalt steuert die dezentralisierte Informations- und Meinungsmacht nämlich nicht nur unser äußeres Verhalten. Sie wirkt vielmehr „bis in die Köpfe der Menschen hinein"[17] und überwindet dabei leichtfüßig jede Staatsgrenze. So bringen US-amerikanische Internet-Giganten weltweit Milliarden Menschen dazu, täglich intimste Informationen von sich preiszugeben. Politischen Akteuren gelingt es anscheinend, durch Desinformation Gesellschaften anderer Staaten zu spalten und Wählende gegen ihre Regierungen und traditionelle Medien aufzubringen. Aber auch die Internet-Gemeinde ist mächtig geworden und als eine „fünfte Gewalt" zu vielem fähig, zu Brutalität ebenso wie zu moralischem Engagement.[18]

Das alles war zwar nicht absehbar, als man den Menschen die Meinungsfreiheit gewährte; *dass* Information eine hochwirksame Machtressource ist, war aber allen Staaten bewusst. Dementsprechend betonen die Vertragsstaaten in der Europäischen Menschenrechtskonvention auch unmittelbar nach der Garantie der Meinungsfreiheit, dass die Ausübung dieser Freiheit „Pflichten und Verantwortung mit sich bringt". Zugleich ermächtigt diese Konvention die Staaten, die Meinungsfreiheit aus triftigen Gründen zu beschränken.[19] Das gilt natürlich auch für Meinungsäußerungen im Internet. Wenn wir auf sie treffsicher reagieren wollen, sollten wir allerdings wissen, was an ihnen nun wirklich so anders ist als in der analogen Welt.

---

[15] *European Institute for Gender Equality*, Gender equality and youth: opportunities and risks of digitalisation (2018) 16 f, 67 f, https://eige.europa.eu/publications/gender-equality-and-youth-opportunities-and-risks-digitalisation (31.8.2019).

[16] *Pörksen* (Fn. 5) ab Minute 4.40.

[17] So die Formulierung bei *Di Fabio*, Verwaltung und Verwaltungsrecht zwischen gesellschaftlicher Selbstregulierung und staatlicher Steuerung, Veröffentlichungen der Vereinigung Deutscher Staatsrechtslehrer (VVDStRL) 56 (1997) 235 (239), für die instrumentelle Selbstregulierung, die u. a. auf Information setzt.

[18] *Pörksen* (Fn. 7) 83 ff.

[19] Art. 10 Abs. 2 Europäische Menschenrechtskonvention.

Neu ist an der Kommunikation im Internet erstens, dass Informationen hemmungs- und kostenlos sekundenschnell weltweit verbreitet werden können und oft auf unbestimmte Zeit abrufbar bleiben. Das potenziert die vorhandenen Risiken der freien Rede.

Neu ist zweitens unsere Versorgung mit Information. Durch Filterblasen und Echokammern zerfällt die Öffentlichkeit, die in Wahrheit schon immer fragmentiert war, nun in neue Fragmente, die im Internet allerdings schwerer zu einem gemeinsamen Diskurs finden. So erodiert die offene und informierte Meinungsbildung.

Drittens wird unsere Meinungsfreiheit im Internet durch neue Akteure bedroht. Zumindest in westlichen Demokratien geht die Hauptgefahr nicht mehr vom Staat aus, also einem monolithischen Big Brother. Sie wird vielmehr zum einen von Privaten wie Google, YouTube, Facebook und Twitter bedroht, die entscheiden, welche Informationen wir bekommen, zum anderen von anonymen Postern, der „Internetgemeinde" oder Bots, die Menschen mit Hasslawinen zum Schweigen bringen.

Diese neuen Bedroher führen zum vierten Problem: Das Internet ist rechtlich schwer zu kontrollieren. Die Staaten haben zwar mühelos kooperiert, um technisch einen globalen Kommunikationsraum zu schaffen, aber es gelingt ihnen nicht, sich für diesen Raum auf einheitliche rechtliche Schutzstandards zu einigen.[20] So konkurrieren im Internet verschiedenste nationale Schutzrechte, und das schafft Probleme: Welches dieser Rechte ist auf weltweit abrufbare Äußerungen anzuwenden? Wie soll man diesen riesigen Kommunikationsraum überhaupt überwachen? Und wie rechnet man Verantwortung zu, wenn Akteure anonym auftreten, wenn sie diffus sind, wie die Internetgemeinde, oder wenn sie nicht einmal menschlich sind, wie Bots?

In der digitalen Welt gehen von der Meinungsfreiheit also stärkere Gefahren aus, zugleich ist die Meinungsfreiheit neuen Gefährdungen ausgesetzt. Beides geschieht in einem entterritorialisierten Raum, den die Staaten schwer kontrollieren können. Das Recht kann einen Beitrag leisten, diese Probleme zu bewältigen, aber es muss dafür zum Teil erst adäquate Instrumente finden. Das soll im Folgenden an drei Problemen gezeigt werden, die uns im Internet derzeit so intensiv beschäftigten: Hass, Lügen und Algorithmen.

4. LÖSUNGSSTRATEGIEN

A) HASS

Die Hassrede attackiert Personen aufgrund von Merkmalen, die nicht oder nicht zumutbar veränderbar sind, wie Hautfarbe, Religion, Geschlecht, sexuelle Ausrichtung.[21] Sieht man von ganz extremen Fällen ab,[22] ist grundsätzlich auch die Hassrede von der Meinungsfreiheit

---

20 Auf diese Schere weist z. B. *Cornils*, Entterritorialisierung im Kommunikationsrecht, VVDStRL 76 (2017) 391 (432 f) hin; siehe ferner *Berka*, The Free Speech Debate, in Berka/Holoubek/Leitl-Staudinger (Hrsg.), Meinungs- und Medienfreiheit in der digitalen Ära: Eine Neuvermessung der Kommunikationsfreiheit (2017) 1 (5 ff).

21 *Bezemek*, Hate Speech, Shitstorm und Dschihad Online: Müssen die Grenzen der Meinungsfreiheit neu vermessen werden? in Berka/Holoubek/Leitl-Staudinger (Hrsg.), Meinungs- und Medienfreiheit in der digitalen Ära: Eine Neuvermessung der Kommunikationsfreiheit (2017) 43 (45 f).

22 Dann scheidet der Europäische Gerichtshof für Menschenrechte Äußerungen aus dem Schutzbereich der Meinungsfreiheit von vornherein aus, siehe z. B. EGMR 20.2.2007, 35222/04, Pavel Ivanov/Russland (antisemitische Hassrede, die Juden für alles Übel in Russland verantwortlich macht); weitere Bsp. bei *Pöschl* (Fn. 1) 45 Fn. 52.

erfasst, denn diese Freiheit vermittelt das Recht, Werturteile zu äußern, selbst wenn sie schockieren oder verletzen.[23] Die Staaten dürfen solche Werturteile allerdings gesetzlich verbieten, wenn es dafür triftige Gründe gibt. Ein solcher Grund liegt sicher vor, wenn ein Hassredner eine ganz konkrete Person verächtlich macht, ja nach der neueren Judikatur ist der Staat sogar verpflichtet, diese Person zu schützen.[24] Aber ob ein Verbot auch angezeigt ist, wenn die Hassrede „nur" eine Gruppe attackiert, z. B. „die Flüchtlinge", das beurteilen Staaten ganz verschieden, auch innerhalb westlicher Demokratien.

Die USA geben hier traditionell der Meinungsfreiheit den Vorzug.[25] Die Hassrede sei, so sagt man dort, verwerflich, aber frei. Nicht der Staat

habe sie mit Verboten zu beantworten, sondern die Zivilgesellschaft mit scharfer Gegenrede – gerade dafür sei die Meinungsfreiheit ja da. In Europa sehen das einige Staaten ebenso, während andere, darunter Österreich, die Hassrede strafrechtlich untersagen: Sie sehen in ihr eine Art Gewaltakt und setzen ihm staatlichen Zwang entgegen. Was genau eine Hassrede ist, definieren diese Staaten aber wiederum verschieden.[26] So existieren nicht nur weltweit, sondern selbst innerhalb Europas ganz unterschiedliche Konzepte – Freiheit und Verbot, und innerhalb der Verbote finden wir alle möglichen Schattierungen.

In der analogen Welt kann man diese konkurrierenden Schutzrechte mit Interesse zur Kenntnis nehmen; in der digitalen Welt werden sie bisweilen zum Problem. Ein Staat, der Hassredner strafrechtlich verfolgen will, muss zunächst deren – weltweit abrufbare – Reden in seine Zustän-

digkeit ziehen. Das ist möglich, denn ein Staat darf jede Hassrede verfolgen, die in seinem Hoheitsgebiet abrufbar ist.[27] Zuvor muss er diese Äußerungen freilich in den unendlichen Weiten des Internets aufspüren. Dabei kann sich der Staat – wie in Österreich – helfen lassen, z. B. von NGOs, die Opfer von Hassreden beraten und Menschen dazu ermutigen, Hassreden anzuzeigen.[28] Ist die

---

[23] Zum Beispiel EGMR 7.12.1976, 5493/72, Handyside/Vereinigtes Königreich, Rz. 49; EGMR 26.2.2002, 29271/95, Dichand u. a./Österreich, Rz. 42; EGMR (GK) 16.6.2015, 64569/09, Delfi AS/Estland, Rz. 131; EGMR 8.2.2018, 48657/16, Smajić/Bosnien und Herzegowina, Rz. 33.

[24] EGMR 16.6.2015, 64569/09, Delfi AS/Estland, Rz. 80 ff.

[25] Siehe exemplarisch *Garton Ash* (Fn. 2) 333 ff, der eingehend erläutert, „warum reife Demokratien Gesetze gegen Hassrede überwinden sollten."

[26] Siehe für die EU-Staaten den Bericht Hate Crime and Hate Speech in Europe. Comprehensive Analysis of International Law Principles, EU-wide Study and National Assessments (2015) insb. 57 ff, https://sosracismo.eu/wp-content/uploads/2016/07/Hate-Crime-and-Hate-Speech-in-Europe.-Comprehensive-Analysis-of-International-Law-Principles-EU-wide-Study-and-National-Assessments.pdf (31.8.2019).

[27] Rechtstechnisch verlangt die Strafnorm dann für die Strafzuständigkeit nicht, dass der Täter im Inland gehandelt hat, sondern dass der tatbestandmäßige Erfolg im Inland eingetreten ist oder eintreten hätte sollen. In diesem Sinn ist in Österreich seit 2015 die Straftat der Verhetzung (§ 283 Strafgesetzbuch) formuliert (*Salimi* in Höpfel/Ratz [Hrsg.], Wiener Kommentar zum Strafgesetzbuch [Stand 1.3.2016, rdb.at] § 67 StGB Rz. 60); ebenso § 3h Verbotsgesetz (Leugnen, gröblich Verharmlosen, Gutheißen oder Rechtfertigen nationalsozialistischer Verbrechen), nach Ansicht des Obersten Gerichtshofes hingegen nicht § 3g Verbotsgesetz (Wiederbetätigung auf eine andere als die in §§ 3a–3f Verbotsgesetz bezeichnete Weise, z. B. durch Versenden eines Mails, das nationalsozialistisches Gedankengut enthält), näher *Tipold*, Entscheidungsanmerkung zu OGH 10.10.2018, 13 Os 105/18t, Juristische Blätter (JBl) 2019, 187 (191).

[28] Zum Beispiel die von ZARA (Zivilcourage und Anti-Rassismus-Arbeit) betriebene und vom Bundeskanzleramt finanzierte Beratungsstelle #GegenHassimNetz sowie die von mehreren Bundesministerien unterstützte Anlaufstelle „Rat auf Draht", die über

Hassrede entdeckt, muss die Strafbehörde zudem den Redner identifizieren. Auch das ist oft möglich, denn häufiger, als man glaubt, treten Hassredner im Internet unter Klarnamen auf.[29] Bleiben sie anonym, kann die Strafbehörde vom jeweiligen Provider verlangen, dass er die Daten der Verdächtigen herausgibt.[30] Ist der Name bekannt, kann ein Strafverfahren geführt werden, und diese strafrechtliche Verfolgung ließe sich noch beträchtlich stärken, indem man die Strafbehörden – wie politisch vor einigen Jahren angekündigt – personell besser ausstattet.[31]

Es gibt aber auch Probleme, die man mit Personal nicht lösen kann: Manche Intermediäre geben den Namen von Hassrednern nicht heraus mit dem Argument, die fraglichen Daten lägen auf Servern in den USA, auf die sie nicht zugreifen dürfen, weil die Hassrede in den USA nicht strafbar ist.[32] Dann kann die betroffene Person nicht ausgeforscht und daher auch nicht bestraft werden. Probleme entstehen ferner, wenn die Täterin zwar bekannt ist, aber im Ausland lebt. Denn das beste österreichische Strafurteil geht ins Leere, wenn der Staat, in dem sich der Täter aufhält, das Urteil nicht vollstreckt bzw. die Täterin nicht ausliefert, etwa weil Hassreden dort nicht strafbar sind.

In solchen Fällen kann zumindest die Hassrede selbst unschädlich gemacht, also aus dem Netz entfernt werden. Dazu sind die Intermediäre auch rechtlich verpflichtet,[33] doch so global sie sonst denken, hier agieren sie territorial. Sie sperren die Hassrede nur in dem Staat, der sie verbietet,[34] wissend, dass solche Sperren im weltweiten Netz leicht zu überwinden sind.[35] Ganz von der Hand zu weisen ist die Vorgangsweise der Intermediäre allerdings nicht:

Hasspostings informiert und auf weitere Beratungs- und Meldestellen verweist.

[29] *Rost/Stahel/Frey*, Digital Social Norm Enforcement: Online Firestorms in Social Media, PLoS ONE 2016, 11(6), https://doi.org/10.1371/journal.pone.0155923 (31.8.2019).

[30] § 90 Abs. 6 und 7 Telekommunikationsgesetz 2003, § 18 Abs. 2 und 3 E-Commerce-Gesetz.

[31] Das wäre nicht nur wirkungsvoller, sondern zudem freiheitsschonender als das 2018/19 vorgeschlagene „digitale Vermummungsverbot" (§§ 3 f Bundesgesetz über Sorgfalt und Verantwortung im Netz, 134/ME 26. GP), das im Begutachtungsverfahren auch auf starke Kritik gestoßen ist, siehe z. B. die Stellungnahmen der OSZE, 98/SN-134/ME 26. GP, des Vereins Die Juristinnen, 92/SN-134/ME 26. GP, des Weißen Rings, 90/SN-134/ME 26. GP, und von ZARA, 80/SN-134/ME 26. GP.

[32] *Schön*, hate crimes – hate speeches und innerstaatliches Strafrecht, in Bundesministerium für Justiz (Hrsg.), StGB 2015 und Maßnahmenvollzug (2015) 125 (138); *Holznagel*, Neue Herausforderung für die demokratische Öffentlichkeit und die Perspektiven für das Medienrecht, in Berka/Holoubek/Leitl-Staudinger (Hrsg.), Meinungs- und Medienfreiheit in der digitalen Ära: Eine Neuvermessung der Kommunikationsfreiheit (2017) 15 (37).

[33] § 51 i. V. m. §§ 36a, 33 Mediengesetz, in Umsetzung des Art. 3 Abs. 4 lit a Richtlinie 2000/31/EG über den elektronischen Geschäftsverkehr sowie Art. 7 Z 2 Verordnung (EU) 1215/2012 über die gerichtliche Zuständigkeit und die Anerkennung und Vollstreckung von Entscheidungen in Zivil- und Handelssachen.

[34] *Klonick*, The New Governors: The People, Rules, and Processes Governing Online Speech, Harvard Law Review (HarvLRev) 131/2018, 1598 (1621 ff), https://ssrn.com/abstract=2937985 (31.8.2019); siehe z. B. für Google/YouTube: „Wenn wir Beschwerden bezüglich angeblich rechtswidriger Inhalte erhalten, prüfen wir diese sorgfältig. Verstoßen sie gegen ein lokales Gesetz, werden die von uns als rechtswidrig eingestuften Inhalte lokal gesperrt. Dies ist derselbe Ansatz, den wir auch bei allen anderen rechtlichen Anfragen zur Entfernung von Inhalten verfolgen." (https://transparencyreport.google.com/netzdg/youtube?hl=de, 31.8.2019).

[35] Einschlägige Anleitungen finden sich sogar in Tageszeitungen, z. B. *Schüssler*, Wie Sie trotz Geosperren jedes Video sehen, Tages-Anzeiger 29.1.2017, https://tagesanzeiger.ch/digital/internet/wie-sie-trotz-geosperren-jedes-video-sehen/story/22233677 (31.8.2019).

Würden lokal untersagte Hassreden stets weltweit gelöscht, könnte ein Staat sein Strafrecht allen anderen Staaten aufzwingen, also auch jenen, die die fragliche Äußerung für ganz unbedenklich halten. Nicht von ungefähr hält sich auch der EuGH in dieser Frage zurück. Das Unionsrecht verbiete es den Unionsstaaten zwar nicht, Intermediären eine weltweite Löschung aufzutragen. Doch müsse dies „im Rahmen des einschlägigen internationalen Rechts" geschehen;[36] welche Regeln der EuGH hier meint, führt er nicht aus.[37] Die divergieren-

den Schutzrechte bleiben jedenfalls ein Problem.

Man kann Hassreden also zwar auch im Internet verfolgen, denn das Recht hat verschiedene Methoden entwickelt, um diesen grenzenlosen Raum zu reterritorialisieren; lückenlos gelingt das aber nicht, weil die Staaten über die Grenzen der Meinungsfreiheit unterschiedlicher Meinung sind. Anders als oft gesagt wird,[38] ist das Internet mithin kein

rechtsfreier Raum, im Gegenteil: Im Netz gibt es zu viel divergierendes Recht,[39] und genau daran kann die Rechtsdurchsetzung scheitern. Vieles wäre leichter, wären die Schutzrechte der Staaten harmonisiert – das fordert aber Kompromisse, die derzeit nicht in Sicht sind.

Damit sind die Möglichkeiten des Rechts allerdings nicht erschöpft. Können sich Staaten nicht auf hartes, d. h. mit Zwang durchsetzbares Recht einigen, setzen sie bisweilen auf „weiches Recht",[40] so auch hier. Die Europäische Kommission versucht seit einigen Jahren, die großen Intermediäre – Facebook, YouTube, Twitter und Microsoft – mit sanftem Druck dazu zu bewegen, die Kommunikationsräume, die sie schaffen,

---

[36] EuGH 3.10.2019, Rs C-18/18, Glawischnig-Piesczek/Facebook Ireland Limited, Rz 48 ff.

[37] Kritisch *Kettemann/Tiedecke*, Welche Regeln, welches Recht? Glawischnig-Piesczek und die Gefahren nationaler Jurisdiktionskonflikte im Internet, VerfBlog, 2019/10/10 (https://verfassungsblog.de/welche-regeln-welches-recht/ [20.12.2019]). In einem kurz zuvor erlassenen Urteil (EuGH 24.9.2019, Rs C-136/17, GC, AF, BH, ED/Commission nationale de l'informatique et des libertés) betont der EuGH, dass die Abwägung zwischen Persönlichkeitsrechten und Informationsinteressen weltweit sehr unterschiedlich ausfalle (Rz 59 f). Deshalb gebiete das Unionsrecht Suchmaschinenbetreibern nur, rechtlich problematische Ergebnisse aus Suchergebnislisten unionsweit zu entfernen (Rz 66), selbst das gelte nicht ausnahmslos: Fallweise müsse das Ergebnis bloß beschränkt auf den Mitgliedsstaat entfernt werden, in dem die nachteilig betroffene Person ihren Wohnsitz

habe (Rz 67 ff). Zugleich müssten die Suchmaschinenbetreiber User (etwa durch Geoblocking) davon abhalten, die bloß räumlich beschränkte Entfernung zu umgehen (Rz 70). Auch wenn das Unionsrecht derzeit keine weltweite Entfernung vorsehe, verbiete es den Unionsstaaten allerdings nicht, eine solche Entfernung nach nationalem Recht anzuordnen (Rz 72 ff). Dass die Staaten dabei an internationales Recht gebunden sind, betont der EuGH – anders als in dem in Fn. 36 genannten Urteil – nicht eigens; vielleicht setzt er es aber auch voraus.

[38] Auf dieses Argument wurde z. B. das digitale Vermummungsverbot (Fn. 31) gestützt: https://twitter.com/sebastiankurz/status/1115917363231301632 (Bundeskanzler *Kurz*); https://orf.at/stories/3100546 (Vizekanzler *Strache*); https://neuwal.com/2018/11/14/transkript-gernot-bluemel-bei-armin-wolf-in-der-zib2/ (Bundesminister für EU, Kunst, Kultur und Medien *Blümel*) (alle 31.8.2019); gleichlautende Aussagen früherer Bundesminister/innen verzeichnet *Lehofer*, Grundrechte im Internet – zwischen Kommunika-

tionsfreiheit und informationeller Selbstbestimmung, in Bundesministerium für Justiz (Hrsg.), Die Medienlandschaft 2015 – Herausforderungen für die Justiz (2016) 57 (58 Fn. 3).

[39] *Forgó*, Digitale Ausweispflicht: Das türkisblaue Wohlverhaltensgesetz, Der Standard 12.8.2019, https://www.derstandard.at/story/2000101325337/digitale-ausweispflicht-das-tuerkis-blaue-wohlverhaltensgesetz (31.8.2019).

[40] Näher zu Erscheinungsformen und Wirkung von Soft Law *Knauff*, Der Regelungsverbund. Recht und Soft Law im Mehrebenensystem (2010).

selbst zu regulieren und Hassreden von sich aus zu löschen.[41] Die Intermediäre gehen darauf ein, weil sie sich ihre Regeln lieber selbst geben, als vielleicht irgendwann von der Europäischen Union reguliert zu werden. Das hat eine bemerkenswerte Entwicklung in Gang gesetzt: Die Intermediäre haben schon vor einiger Zeit aus kommerziellen Erwägungen Kriterien entwickelt, nach denen sie sozial schädliche Äußerungen, Filme und Bilder löschen. Zunächst waren diese Standards grob und vage,[42] im Laufe der Zeit wurden sie aber laufend differenzierter.[43] Zugleich wurden die Löschkriterien präzisiert, weil – neben Filtern – eine immer größere Zahl an Moderatoren eingesetzt werden musste, um die ständig steigende Masse an Inhalten zu kontrollieren.[44] Diese Moderatoren prüfen nun aufgrund von Nutzerbeschwerden, aber auch von sich aus, ob eine Äußerung als Hassrede zu qualifizieren und daher aus dem Netz zu entfernen ist.[45] Etwa eine Million solcher Beschwerden gehen allein bei Facebook ein, und zwar nicht im Jahr, sondern täglich.[46] So errichten die Intermediäre in ihren Kommunikationsräumen staatsähnliche Strukturen.[47] Sie erlassen Normen, und sie setzen Organe ein, die diese Normen vollziehen, freilich nach einer unternehmerischen Logik[48] – Gewaltentrennung gibt es hier ebenso wenig wie rechtsstaatliche Garantien: Die Löschkriterien bzw. ihre Handhabung sind intransparent,[49] und Äußerungen werden gelöscht, ohne dass dies der Nutzerin mitgeteilt, erläutert oder sie dazu gar gehört wird.[50] Vielleicht sind die Löschkriterien auch überschießend, die Zahl der gelöschten Äußerungen

---

[41] Siehe den Verhaltenskodex für die Bekämpfung illegaler Hassreden im Internet, https://europa.eu/rapid/press-release_IP-16-1937_de.htm (31.8.2019), den die Europäische Kommission im Mai 2016 mit den größten Plattformbetreibern abgeschlossen hat.

[42] Nach *Klonick* (Fn. 34) 1631 beschreibt eine Moderatorin die ersten Facebook-Richtlinien plastisch so: "if it makes you feel bad in your gut, then go ahead and take it down".

[43] *Klonick* (Fn. 34) 1631 ff.

[44] *Klonick* (Fn. 34) 1633. Zur harten Arbeit der Moderatoren *Punsmann*, Drei Monate Hölle, SZ Magazin 5.1.2018, https://sz-magazin.sueddeutsche.de/abschiedskolumne/drei-monate-hoelle-84379 (31.8.2019).

[45] Vgl. *Klonick* (Fn. 34) 1635 ff. Facebook beschäftigt derzeit etwa 15.000 Menschen weltweit mit der Prüfung von Inhalten, 2000 davon allein in Deutschland, https://de.newsroom.fb.com/news/2019/01/facebook-veroeffentlicht-zweiten-netzdg-transparenzbericht/ (31.8.2019).

[46] *Klonick* (Fn. 34) 1638.

[47] Treffend nennt *Klonick* (Fn. 34) 1662 ff die Intermediäre „New Governors"; ähnlich *Lang*, Netzwerkdurchsetzungsgesetz und Meinungsfreiheit. Zur Regulierung privater Internet-Intermediäre bei der Bekämpfung von Hassrede, Archiv des öffentlichen Rechts (AöR) 2018, 220 (226, 238 f); ebenso das Selbstverständnis *Zuckerbergs*: https://www.vox.com/2018/4/2/17185052/mark-zuckerberg-facebook-interview-fake-news-bots-cambridge (31.8.2019).

[48] *Lang* (Fn. 47) 240.

[49] *Klonick* (Fn. 34) 1639, 1641, 1648; *Lang* (Fn. 47) 246; *Wielsch*, Die Ordnung der Netzwerke, in Eifert/Gostomzyk (Hrsg.), Netzwerkrecht. Die Zukunft des NetzDG und seine Folgen für die Netzwerkkommunikation (2018) 61 (70).

[50] *Lang* (Fn. 47) 226, 245 f. Anderes gilt, wenn Intermediäre Inhalte aufgrund einer Beschwerde nach dem deutschen Netzwerkdurchsetzungsgesetz (NetzDG) prüfen, dessen § 3 Abs. 2 Z 5 eine Benachrichtigung der Nutzer ausdrücklich verlangt; dem scheinen die Intermediäre nachzukommen, aber eben nur bei solchen Beschwerden, siehe für Facebook https://fbnewsroomde.files.wordpress.com/2019/01/facebook_netzdg_januar_2019_deutsch52.pdf 13 f; für Google/YouTube https://transparencyreport.google.com/netzdg/youtube?hl=de (beide 31.8.2019).

steigt jedenfalls jährlich an.[51] Das zeigt, dass alles zwei Seiten hat. Es ist zwar wünschenswert, dass Hass aus dem Netz entfernt wird, doch es kann durchaus sein, dass dabei auch ganz unbedenkliche Äußerungen verschwinden.

Man kann mit gutem Grund fragen, ob die Praxis der Intermediäre noch der Meinungsfreiheit entspricht,[52] immerhin werden hier massenhaft Äußerungen nach unklaren Kriterien gelöscht, ohne dass die Betroffenen dazu auch nur angehört werden. Ginge eine staatliche Behörde auf diese Weise vor, wäre die Meinungsfreiheit sicher verletzt. Nun könnte man einwenden: Die Intermediäre sind eben keine Staaten. Aber ist die Macht, die sie in ihren Kommunikationsräumen ausüben, nicht mit staatlicher Macht vergleichbar?[53] Wer das bejaht, wird auf eine Verbesserung der Löschverfahren drängen.[54] Ansatzweise passiert das auch bereits. So hat Facebook inzwischen seine Löschrichtlinien veröffentlicht,[55] und manche Intermediäre ergänzen Löschverfahren schon durch Verfahren, in denen Nutzer verlangen können, dass ihre gelöschte Äußerung wiederhergestellt wird.[56] Dann braucht man eigentlich nur noch eine gerichtliche Kontrolle für den Fall, dass eine Äußerung nicht wiederhergestellt wird. Tatsächlich dachte Facebook zunächst laut darüber nach, selbst eine Einrichtung zu schaffen, die solche Kontrollen „fast wie ein Höchstgericht" vornimmt.[57] Inzwischen werden schon Mitglieder für ein entsprechendes „Board" rekrutiert,[58] dessen Existenz den Zugang zu staatlichen Gerichten vielleicht sogar hinauszögern oder gar versperren soll.[59]

Offensichtlich entstehen hier staatsähnliche Entitäten – das ist unheimlich. Man muss den Intermediären aber zugestehen, dass sie Dinge zuwege bringen, die den Staaten bisher nicht gelungen sind: Die Intermediäre schaffen für ihren jeweiligen Kommunikationsraum Schutzstandards, die weltweit gelten. Sie übernehmen Löschentscheidungen, die die Staaten mit ihren Ressourcen unmöglich

---

[51] 2016 haben die beteiligten Intermediäre 28 % der Nachrichten gelöscht, die von NGOs und öffentlichen Stellen gemeldet wurden, 2017 waren es bereits 59 % und 2018 schon 70 %, siehe die Pressemitteilung der Kommission: https://europa.eu/rapid/press-release_IP-18-261_de.htm (31.8.2019).

[52] Siehe z. B. *Weinzierl*, Ein Supreme Court of Facebook – wie das Netzwerk seiner Selbstregulierung neuen Spielraum verschaffen könnte, JuWissBlog Nr. 40/2019 vom 12.3.2019, https://www.juwiss.de/40-2019/ (3.9.2019); *Lang* (Fn. 47) 243 f.

[53] So argumentiert z. B. *Weinzierl* (Fn. 52) gestützt auf die Judikatur des deutschen Bundesverfassungsgerichts; in diesem Sinn nun auch der Beschluss dieses Gerichts BVerfG 22.5.2019, 1 BvQ 42/19; ferner *Wielsch*, Funktion und Verantwortung. Zur Haftung im Netzwerk, Rechtswissenschaft (RW) 1/2019, 84 (105 ff).

[54] Siehe z. B. *Lang* (Fn. 47) 246 ff.

[55] https://www.facebook.com/community-standards/ (31.8.2019).

[56] Dabei reichen die Beschwerdemöglichkeiten bei Twitter und YouTube deutlich weiter als bei Facebook, siehe *Klonick* (Fn. 34) 1648.

[57] So *Zuckerberg* (Fn. 47): „almost like a Supreme Court" (31.8.2019); wie dieser Plan realisiert werden könnte, erläutert *Weinzierl* (Fn. 52).

[58] Der Vorsitzende wurde bereits bestellt, https://about.fb.com/news/2020/01/facebooks-oversight-board/; vgl. zum Board auch Oversight Board Charter, https://fbnewsroomus.files.wordpress.com/2019/09/oversight_board_charter.pdf; Oversight Board Bylaws, https://about.fb.com/wp-content/uploads/2020/01/Bylaws_v6.pdf (alle 30.1.2020).

[59] *Weinzierl*, Difficult Times Ahead for the Facebook „Supreme Court", VerfBlog, 2019/9/21, https://verfassungsblog.de/difficult-times-ahead-for-the-facebook-supreme-court/ (20.12.2019).

in angemessener Zeit bewältigen könnten. Und die Intermediäre löschen Äußerungen, die ihren eigenen Standards widersprechen, natürlich weltweit. Wie diese Entwicklung weitergeht, darüber kann man nur spekulieren. Wenig wahrscheinlich ist, dass sich die Staaten darauf einigen, wann Hassrede strafrechtlich zu verfolgen und zu löschen ist. Denkbar ist aber, dass Gerichte gestützt auf die Meinungsfreiheit in extremen Fällen in die Löschstandards und -verfahren der Intermediäre intervenieren[60] und sich dabei auch durch gerichtlich anmutende Kontrollstellen der Intermediäre nicht beirren lassen. Mittelfristig könnten sich so die Löschstandards der Intermediäre

und der Staaten angleichen.[61] Das würde es wiederum den Staaten erleichtern, die Hassrede strafrechtlich zu verfolgen. Insgesamt wäre dann in diesem eigentümlichen Prozess staatlich-privater Kooperation eine Regulierung entstanden, die die Staaten allein nie zuwege gebracht hätten.

B) LÜGEN

Ein zweites Problemfeld im Netz bildet die Lüge. Sie ist in der Nomenklatur der Meinungsfreiheit etwas kategorial anderes als der Hass. Während die Hassrede zur Klasse der Werturteile gehört, über die man streiten und verhandeln kann, ist die Lüge ein Unterfall der Tatsachenbehauptung, die nur wahr sein kann

oder falsch.[62] Wahrheiten haben, wie *Hannah Arendt* treffend sagt, etwas Despotisches: Sie verweigern sich jedem Kompromiss[63] und stehen störrisch und unverrückbar in der Meinungslandschaft.

In der Praxis lässt sich die Grenze zwischen Werturteil und Tatsachenbehauptung freilich nicht immer trennscharf ziehen. Oft plagen sich die Gerichte mit Grenzfällen. Und im öffentlichen Diskurs kommt es sogar vor, dass Redner Tatsachenbehauptungen bewusst als Werturteile ausgeben. Wer nicht mächtig genug ist, um etwas Falsches öffentlich als Wahrheit zu etablieren, erklärt seine Behauptungen gern zum Werturteil, über das man dann eben geteilter Meinung sein kann.[64] Besonders eindrucksvoll hat das der gegenwärtige US-amerikanische Präsident vorgeführt, als er der verblüfften Welt „alternative Fakten" über den Glanz

---

60 Ein prominentes Beispiel für eine solche Intervention ist das „Google Spain-Urteil", mit dem der EuGH in einer kühnen Interpretation des Unionsrechts ein Recht auf Löschung personenbezogener Daten judiziert hat: EuGH 13.5.2014 (GK), Rs C-131/12, Google/Mario Costeja González; siehe ferner den in Fn. 53 erwähnten Beschluss 22.5.2019, 1 BvQ 42/19, der Facebook aufträgt, die Sperrung der Facebook-Seite einer politischen Partei vorläufig aufzuheben und ihr wieder eine Nutzung zu gewähren; vgl. ferner die bei *Beurskens*, „Hate-Speech" zwischen Löschungsrecht und Veröffentlichungspflicht, Neue Juristische Wochenschrift (NJW) 2018, 3418, und *Wielsch* (Fn. 53) 94 ff, 105 f, genannten Entscheidungen deutscher Gerichte.

61 Ein Signal in diese Richtung setzt etwa Facebook, das neuerdings in seinen Gemeinschaftsstandards (https://about.fb.com/news/2019/09/updating-the-values-that-inform-our-community-standards/ [20.12.2019]) ankündigt, internationale Menschenrechte bei seinen Abwägungen mitzubedenken: "We want people to be able to talk openly about the issues that matter to them, even if some may disagree or find them objectionable. In some cases, we allow content which would otherwise go against our Community Standards – if it is newsworthy and in the public interest. We do this only after weighing the public interest value against the risk of harm, and we look to international human rights standards to make these judgments."

62 Zum Beispiel EGMR 25.10.2018, 38450/12 (E.S./Österreich) Rz. 47 f; *Bezemek* (Fn. 3) 11 ff; *Kucsko-Stadlmayer*, Tatsachenmitteilungen und Werturteile: Freiheit und Verantwortung, in Koziol (Hrsg.), Tatsachenmitteilungen und Werturteile: Freiheit und Verantwortung (2018) 61 (66 f).

63 *Arendt*, Wahrheit und Lüge in der Politik. Zwei Essays (1972 [1967]) 61.

64 *Arendt* (Fn. 63) 73.

seiner Angelobung präsentierte.[65] Es kommt aber auch umgekehrt vor, dass jemand ein Werturteil als Tatsachenbehauptung tarnt, etwa wenn sich der Hass auf Menschen in einer Lüge über sie artikuliert.

Die Meinungsfreiheit der Europäischen Menschenrechtskonvention ist für all das grundsätzlich offen: Sie schützt Werturteile, selbst wenn sie schockieren oder verletzen,[66] ebenso wie Tatsachenbehauptungen, selbst wenn sie gezielte Lügen sind.[67] Angesichts der vielen Falschnachrichten im Netz ist man freilich versucht, diese liberale Linie zu hinterfragen, zumal die unwahre Behauptung, wie manche meinen, nichts zur Meinungsbildung beiträgt, der Gesellschaft also nicht nützt.[68] Um den ·Schutz der Meinungsfreiheit zu verdienen, muss eine Äußerung allerdings nicht gesellschaftlich nützlich sein, denn die Meinungsfreiheit dient ja auch der Selbstverwirklichung des Individuums.[69] Davon abgesehen tragen unwahre Tatsachenbehauptungen zur Meinungsbildung durchaus etwas bei, ja oft entzünden sich meinungsbildende Kontroversen gerade an unrichtigen Behauptungen.[70] Auch sonst ist die Lüge nicht durchwegs schädlich, sondern eher schillernd, und deshalb ist unsere Gesellschaft mit ihr auch ziemlich tolerant: Wir amüsieren uns über die Lüge in der Kunst, flüchten in sie aus Höflichkeit, rechnen mit ihr in der Wirtschaft, ertragen sie in der Politik, nehmen sie in der Familie hin und vergessen sie dann wieder. Selbst die Zehn Gebote verwerfen die Lüge nicht pauschal, sondern nur, wenn sie sich als Falschaussage wider unseren Nächsten richtet. Der Lüge per se den Schutz der Meinungsfreiheit abzusprechen, wäre schließlich auch deshalb verfehlt, weil die Grenze zwischen Werturteilen und Tatsachenbehauptungen fließt[71] und weil zudem die Wahrheitsfrage oft genug kontrovers ist. Die vielen Falschmeldungen im Internet sollten uns daher nicht dazu verführen, die Meinungsfreiheit enger zu fassen. Es spricht alles dafür, weiterhin Tatsachenbehauptungen ebenso wie Werturteile und auch alle Äußerungen dazwischen als grundsätzlich schutzwürdig anzusehen. Das hat aber nicht zur Folge, dass solche Äußerungen unantastbar sind. Es bedeutet nur, dass der Staat triftige Gründe braucht, um eine Äußerung zu unterbinden. Ein solcher Grund liegt sicher vor, wenn eine unwahre Tatsachenbehauptung eine konkrete Person verleumdet, ihre Ehre oder ihren Kredit beschädigt. Dann greift das Strafrecht[72] und

---

[65] *Wagner*, Trump adviser Kellyanne Conway says White House press secretary presented 'alternative facts', Washington Post 22.1.2017, https://washingtonpost.com/news/post-politics/wp/2017/01/22/trump-adviser-kellyanne-conway-says-white-house-press-secretary-presented-alternative-facts/ (31.8.2019).

[66] Fn. 23.

[67] Für unrichtige Tatsachenbehauptungen z. B. EGMR 26.2.2002, 29271/95, Dichand u. a./Österreich, Rz. 44 ff; EGMR 2.11.2006, 19710/02, Standard Verlags GmbH und Krawagna-Pfeifer/Österreich, Rz. 54 ff. Dass die Meinungsfreiheit grundsätzlich auch die Lüge schützt, dürfte für den EGMR so selbstverständlich sein, dass er dies gar nicht mehr eigens ausspricht: *Bezemek* (Fn. 3) 119.

[68] Zum Beispiel BVerfG 22.6.2018, 1 BvR 673/18 Rz. 20.

[69] *Jestaedt*, in Merten/Papier (Hrsg.), Handbuch der Grundrechte in Deutschland und Europa, Band IV (2011) § 102 Meinungsfreiheit, Rz. 37.

[70] *Jestaedt* (Fn. 69) Rz. 36; *Steinbach*, Meinungsfreiheit im postfaktischen Umfeld, Juristenzeitung (JZ) 2017, 653 (657).

[71] *Schulze-Fielitz*, in Dreier (Hrsg.), Grundgesetz – Kommentar, Band I³ (2013) Art. 5 I, II, Rz. 64.

[72] Insbesondere § 115 (Beleidigung), § 152 (Kreditschädigung) und § 297 (Verleumdung) Strafgesetzbuch.

der Redner kann verurteilt werden. Allenfalls muss er dem Opfer auch Schadenersatz leisten,[73] die Behauptung zurücknehmen und sie künftig unterlassen[74] oder eine öffentliche Gegendarstellung akzeptieren.[75] Das alles funktioniert auch in der digitalen Welt, wenngleich mit den Einschränkungen, die schon bei der Verfolgung der Hassrede sichtbar geworden sind: So wie die Hassrednerin kann auch der Lügner ungreifbar sein.

Im Großen helfen uns die Schutzregeln bei digitaler Desinformation allerdings meist nicht. Denn typischerweise beziehen sich die zu bekämpfenden Unwahrheiten nicht auf konkrete Personen, sondern auf Personengruppen, sie erfinden Figuren oder Ereignisse, oft werden Fakten auch schlicht geleugnet. Das schadet

dann zwar nicht einer Einzelperson, wohl aber der Allgemeinheit, weil diese Desinformation die öffentliche Meinungsbildung und damit letztlich auch politische Wahlen beeinflusst. Italien reagiert darauf mit dem scharfen Schwert des Strafrechts und bedroht die Verbreitung falscher, übertriebener oder einseitiger Informationen mit Geldstrafen, in schweren Fällen auch mit Gefängnis;[76] vor den Parlamentswahlen 2018 wurde sogar ein polizeiliches Meldeportal für Falschnachrichten eingerichtet.[77] In Frankreich dürfen Behörden neuerdings während eines Wahlkampfs im Internet unwahre Inhalte löschen lassen und ausländische Sendungen verbieten.[78] Österreich hat lange das Verbreiten falscher und beunruhigender Gerüchte generell unter Strafe gestellt; nachdem sich

jahrelang kein einschlägiger Kriminalfall ereignet hatte, wurde diese Vorschrift aber 2015 aufgehoben.[79] Weiterhin strafbar ist die Verbreitung falscher Nachrichten bei Wahlen und Volksabstimmungen; allerdings nur, wenn eine Nachricht so knapp vor dem Urnengang verbreitet wird, dass eine Gegenäußerung nicht mehr wirksam möglich ist.[80] Im Übrigen setzt das österreichische Strafrecht auf das liberale Prinzip von Rede und Gegenrede: Unwahrheiten sollen grundsätzlich mit Argumenten widerlegt, nicht mit Strafdrohungen verboten werden. Nur wenn der Diskurs grob gestört ist, weil die Unwahrheit in letzter Sekunde kommt, greift der Staat mit seiner Zwangsmacht ein. Mehr als das zu tun, ist in einer Demokratie auch heikel, nicht nur, weil Fakten oft genug unklar sind. Die Wahrheit zu verordnen, kann auch kontraproduktiv

---

[73] Insbesondere § 1330 Allgemeines Bürgerliches Gesetzbuch (Ehrenbeleidigung), näher *Musger*, „Fake News" vor den Zivilgerichten: Anspruchsinhalt und Anspruchsgegner, in Berka/Holoubek/Leitl-Staudinger (Hrsg.), Elektronische Medien im „postfaktischen" Zeitalter (2019) 55 (66 f).

[74] *Musger* (Fn. 73) 61 ff.

[75] §§ 9 ff Mediengesetz, näher *Zöchbauer*, Gegendarstellungsrecht unter „postfaktischen" Bedingungen, in Berka/Holoubek/Leitl-Staudinger (Hrsg.), Elektronische Medien im „postfaktischen" Zeitalter (2019) 73 ff.

[76] Art. 656 italienisches Strafgesetzbuch.

[77] *Verza*, Tackling fake news, the Italian way, 22.5.2018, https://www.rcmediafreedom.eu/ Tools/Legal-Resources/Tackling-fake-news-the-Italian-way (31.8.2019).

[78] Loi n°2018-1202 du 22 décembre 2018 relative à la lutte contre la manipulation de l'information; und dazu *Wysling*, Frankreich will Fake-News zum Verstummen bringen, NZZ 21.11.2018, https://www.nzz.ch/ international/frankreich-neue-gesetze-gegen-fake-news-ld.1438302 (31.8.2019).

[79] Siehe § 308 Strafgesetzbuch, RGBl 1852/117, aufgehoben mit BGBl I 2015/112.

[80] § 264 Strafgesetzbuch (Verbreitung falscher Nachrichten bei einer Wahl oder Volksabstimmung), näher *Lewisch*, Meinungsfreiheit – Hassrede – Moderne Informationstechnologien: Das Strafrecht vor neuen Herausforderungen? in Koziol (Hrsg.), Tatsachenmitteilungen und Werturteile: Freiheit und Verantwortung (2018) 81 (89 ff).

sein, weil das Verschwörungstheorien gerade nicht zerstreut, sondern anheizt. Ganz zu schweigen davon, dass die strafrechtliche Verfolgung der Lüge auch missbrauchsanfällig ist; nicht von ungefähr gehört das Orwell'sche Wahrheitsministerium zum Standardrepertoire autoritärer Staaten.[81]

Eine andere Frage ist, ob man eine Wahl erfolgreich anfechten kann, wenn sie von Desinformation beeinflusst war. Prima vista möchte man das bejahen, immerhin soll die Wahl doch den wahren Willen der Wählenden zum Ausdruck bringen; dieser Wille darf – so sagt auch der Verfassungsgerichtshof[82] – nicht durch unzulässige Einflussnahmen

verfälscht werden. Für die Wahl letal sind nach der Rechtsprechung aber anscheinend nur staatliche Beeinflussungen,[83] nicht also die digitalen Desinformationskampagnen, die uns derzeit so beunruhigen. Denn sie kommen woher immer, jedenfalls nicht vom österreichischen Staat. Dass solche Kampagnen kein Grund sein sollen, eine Wahl zu wiederholen, ist auf den ersten Blick verblüffend, hat aber einiges für sich, wenn man die Sache zu Ende denkt: Könnte man Wahlen nämlich wegen privater Desinformation anfechten, hätten es Private – und natürlich auch andere Staaten – in der Hand, vor jeder Wahl mutwillig Anfechtungsgründe zu produzieren, indem sie gezielt Desinformationen streuen.[84] Dann könnte jede Wahl erfolgreich angefochten werden, auch mehrfach hintereinander. Das würde die Demokratie wohl noch nachhaltiger beschädigen als die Desinformation selbst.

Straf- und Wahlrecht schützen uns vor Desinformation im Netz also

kaum. Das bedeutet indes nicht, dass Staaten den vielen Lügen machtlos gegenüberstehen. Sie sind nur gut beraten, die Desinformation nicht mit Zwang zu beantworten, sondern mit der Macht der Information. Die unwahrhaftige Rede kann rechtlich erlaubt bleiben, wenn man ihr zum einen den übermächtigen Einfluss nimmt, den ihr das Internet verschafft, und wenn man zum anderen die Gegenrede ermächtigt. Das ist derzeit auch die Linie der Europäischen Union, die hier abermals mit den Intermediären kooperiert.[85] Eine zentrale Rolle spielt bei der Abwehr der Desinformation aber auch die Zivilgesellschaft und letztlich jede einzelne Nutzerin und jeder Nutzer selbst.

Zuerst ist bei den Adressaten der Desinformation anzusetzen, also bei uns allen: Unsere Medienkompetenz muss so gestärkt werden, dass journalistische Tugenden zur

---

[81] Dementsprechend distanziert sich die EU-Kommission regelmäßig von der Idee eines „Wahrheitsministeriums", etwa in der Rede des Vizepräsidenten der früheren Kommission *Ansip* zu „Hate speech, populism and fake news on social media – towards an EU response" vor dem EU-Parlament am 5.4.2017 (https://multimedia.europarl.europa.eu/de/hate-speech-populism-and-fake-news-on-social-media--towards-an-eu-response-extracts-from-the-debate_I136357-V_v [30.1.2020]) sowie der damaligen Kommissarin *Jourová* zu Medien und Demokratie in Europa am 7.6.2018 (https://europa.eu/rapid/press-release_STATEMENT-18-4095_en.htm [31.8.2019]).

[82] VfSlg 20.071/2016, 2.7.2.4.

[83] VfSlg 20.071/2016, 2.7.2.6.

[84] So wohl auch *Grabenwarter*, Die Freiheit der Wahl im „postfaktischen" Zeitalter, in Berka/Holoubek/Leitl-Staudinger (Hrsg.), Elektronische Medien im „postfaktischen" Zeitalter (2019) 85 (105).

[85] Siehe den EU-Verhaltenskodex zur Bekämpfung von Desinformation, https://ec.europa.eu/digital-single-market/en/news/code-practice-disinformation (31.8.2019) und dazu die Erklärung der Kommissarin *Gabriel* vom 26.9.2018, https://europa.eu/rapid/press-release_STATEMENT-18-5914_de.htm (31.8.2019).

Allgemeinbildung werden.[86] Dass wir alle Nachrichten selbst auf ihre Richtigkeit prüfen, kann aber niemand erwarten. Nicht von ungefähr bringt die Zivilgesellschaft dafür gerade ein neues Berufsfeld hervor, den „Faktencheck":[87] Er wird von verschiedensten Plattformen betrieben, zunehmend professionalisiert und bei entsprechendem Qualitätsausweis auch von einer internationalen Einrichtung akkreditiert.[88] Im Auftrag der Intermediäre, aber auch der Nutzerinnen selbst prüfen diese Faktencheck-Plattformen neuerdings verdächtige Inhalte im Netz auf ihre Richtigkeit.[89] Erweist sich ein Inhalt als falsch oder zweifelhaft, wird er mit dem Ergebnis des Faktenchecks verknüpft. So sieht jede Person, die im Internet auf diesen Inhalt stößt, zugleich eine Information, die den Inhalt kritisch hinterfragt.[90] Sie erhält also die Gegendarstellung, die in der Zeitung immer zu spät kommt, gleichzeitig mit der Falschinformation.

Flankierend ergreifen die Intermediäre technische Maßnahmen, um die Desinformation zu bremsen: Sie entfernen Social Bots, die Falschnachrichten bejubeln,[91] reihen Falschnachrichten auf Suchlisten zurück[92] und erschweren ihre Verbreitung in privaten Netzwerken.[93]

---

[86] So auch die Mitteilung der Kommission, Bekämpfung von Desinformation im Internet: ein europäisches Konzept, 26.4.2018, COM(2018) 236 final 14 ff, https://eur-lex.europa.eu/legal-content/DE/TXT/?uri=CELEX:52018DC0236 (31.8.2019); siehe auch *Pörksen* (Fn. 7) 189 ff, der diese journalistischen Tugenden benennt.

[87] Das International Fact-Checking Network (IFCN) konstatiert im Jahresbericht 2019 einen rasanten Zuwachs an Faktencheck-Plattformen zwischen 2015 und 2017; derzeit gibt es 188 solcher Plattformen in 60 Ländern. Seit 2018 ist zudem die Zahl der entgeltlich tätigen Plattformen von 28,6 % auf 46 % gestiegen, siehe *Flamini/Tardáguila/Örsek*, For-profit fact-checking is on the rise, and more teams have full-time employees, Poynter 22.7.2019, https://www.poynter.org/fact-checking/2019/for-profit-fact-checking-is-on-the-rise-and-more-teams-have-full-time-employees/ (31.8.2019).

[88] Das IFCN hat u. a. einen Verhaltenskodex erarbeitet, den Organisationen erfüllen müssen, um anerkannt zu werden, https://poynter.org/ifcn-fact-checkers-code-of-principles/ (31.8.2019).

[89] Siehe z. B. die Kooperation von CORRECTIV mit Facebook: https://correctiv.org/faktencheck/ueber-uns/2018/12/17/ueber-die-kooperation-zwischen-correctiv-faktencheck-und-facebook (31.8.2019).

[90] Siehe z. B. für Facebook *Lyons*, Replacing Disputed Flags With Related Articles, 20.12.2017, https://newsroom.fb.com/news/2017/12/news-feed-fyi-updates-in-our-fight-against-misinformation/ (31.8.2019); ähnlich verfährt Google News: Gab man dort z. B. unmittelbar nach dem Brand der Notre Dame im April 2019 die Schlagwörter „Notre Dame islamistische Anschlag" ein, wurde als zweiter Treffer ein Beitrag des rechtsextremen „Wochenblick" verlinkt („Medien schweigen – Notre-Dame: Islamisten wollten sogar Wagen bei Gotteshaus sprengen"). Dieser Link war allerdings eingebettet in einen Bericht der Tagesschau und der Faktencheck-Plattform CORRECTIV, die über Falschmeldungen und Verschwörungstheorien rund um den Brand aufklären. In der Zwischenzeit (Stand 31.8.2019) ist der Beitrag des „Wochenblick" von der ersten Trefferseite verschwunden, und zwar zugunsten von Beiträgen, die über die lancierten Verschwörungstheorien berichten.

[91] Zum Beispiel Twitter: *Stewart*, Twitter's wiping tens of millions of accounts from its platform, VOX 11.7.2018, https://vox.com/2018/7/11/17561610/trump-fake-twitter-followers-bot-accounts (31.8.2019). Scheinkonten zu entfernen empfiehlt auch der EU-Verhaltenskodex zur Bekämpfung von Desinformation (Fn. 85) II.C.

[92] Zum Beispiel Facebook: *Rosen/Lyons*, Remove, Reduce, Inform: New Steps to Manage Problematic Content, Facebook Newsroom 10.4.2019, https://newsroom.fb.com/news/2019/04/remove-reduce-inform-new-steps/ (31.8.2019); siehe für Google auch das in Fn. 90 geschilderte Beispiel.

[93] Zum Beispiel WhatsApp: *Wagner/Molla*, WhatsApp is fighting fake news by limiting its virality. Could Facebook and Twitter do the same? VOX 25.1.2019, https://vox.com/2019/1/25/18197002/whatsapp-

Schließlich stufen sie auch die Desinformanten selbst zurück: Wer mehrfach Falschnachrichten verbreitet, darf auf großen Plattformen keine Werbung mehr schalten, wird also monetär geschwächt.[94]

Dieses Set an Maßnahmen soll einerseits der Desinformation die Lautstärke nehmen und andererseits die Rezipienten befähigen, sich selbst ein Bild von der Faktenlage zu machen. *Wenn* das funktioniert, erbringen alle Beteiligten gemeinsam ähnliche Leistungen wie traditionelle Medien, nur in anderer zeitlicher Abfolge und arbeitsteilig: Informationen werden nicht mehr vor der Veröffentlichung geprüft, sondern erst danach, und die Prüfung und Veröffentlichung erfolgt nicht mehr aus einer Hand. Diese Form der Nachrichtenerzeugung ist

– zugegeben – fehleranfälliger als die der traditionellen Medien, und sie kann gewiss nicht jeden Fehler korrigieren. Wenn ein Fehler bereinigt wird, ist das aber wiederum effektiver als in den traditionellen Medien. Auch dieser Prozess ist längst nicht abgeschlossen, und mit Sicherheit gibt es hier noch viel zu lernen. Bemerkenswert ist aber, dass unter dem sanften Druck der Staaten eine Kooperation zwischen Intermediären und Zivilgesellschaft entstanden ist, die vielleicht in absehbarer Zeit eine neue und akzeptable Form der Berichterstattung hervorbringt. Bis es so weit ist, tun die Staaten gut daran, traditionelle Medien zu stärken, allen voran jene, die, wie der öffentlich-rechtliche Rundfunk, gesetzlich in besonderer Weise zu journalistischer Sorgfalt verpflichtet sind.

C) ALGORITHMEN

Ich habe die Intermediäre nun beim Hass als machtvolle Quasi-Staaten präsentiert und bei der Lüge als gutwillige Nachrichtentransporteure. Sie sind schillernde Wesen: Einmal bedrohen sie unsere Meinungsfreiheit, dann gewährleisten sie sie. Offensichtlich verdienen sie ihren Namen – Intermediäre stehen *zwischen* Staat und Gesellschaft.

Ihr wichtigstes Steuerungsinstrument sind die Algorithmen, mit denen sie entscheiden, was wir von der Welt sehen. Die Algorithmen haben Hass und Lügen zunächst verstärkt, weil solche Äußerungen Aufmerksamkeit und damit Werbegeld bringen – das soll man nicht vergessen. Nun werden die Algorithmen eingesetzt, um Lügen zurückzustufen, Hassreden zu identifizieren und sie aus dem Netz zu entfernen – das muss man anerkennen.

Eine zentrale Ursache für Hass und Lügen bleibt aber die Einfalt der Filterblasen und Echokammern, in die uns die Algorithmen weiterhin führen. Es wäre daher an der Zeit, die Algorithmen so zu verändern, dass sie Vielfalt sichern oder dass wir als Nutzer und Nutzerinnen zumindest wählen können, ob wir die Welt in Einfalt oder in ihrer Vielfalt sehen wollen. Vielleicht ist das schon der nächste Schritt, den die Intermediäre von sich aus setzen. Tun sie es nicht, spräche aus der Sicht der Meinungsfreiheit alles dafür, ihnen dies mit Zwang anzuordnen.[95]

---

message-limit-fake-news-facebook-twitter (31.8.2019).

[94] Siehe den Bericht der Kommission über die Umsetzung des EU-Verhaltenskodex zur Bekämpfung von Desinformation (Fn. 85) vom Mai 2019, https://ec.europa.eu/digital-single-market/en/news/last-intermediate-results-eu-code-practice-against-disinformation (31.8.2019), und zuvor z. B. *Townsend*, Google has banned 200 publishers since it passed a new policy against fake news, VOX 25.1.2017, https://vox.com/2017/1/25/14375750/google-adsense-advertisers-publishers-fake-news (31.8.2019).

[95] Zu den derzeit diskutierten Regulierungsoptionen siehe z. B. *Mayrhofer*, Google, Facebook und Co, in Berka/Holoubek/Leitl-Staudinger (Hrsg.), Meinungs- und Medienfreiheit in der digitalen Ära: Eine

5. FAZIT

Wir sind Zeugen eines faszinierenden Prozesses, in dem die Intermediäre erst ihre Rolle finden und Staaten und Gesellschaften lernen müssen, damit umzugehen. Ohne die Hilfe der Intermediäre werden wir die neuen Risiken der Meinungsfreiheit nicht bewältigen, auch wenn die Macht, die ihnen dabei zuwächst, wieder neue Risiken für die Meinungsfreiheit schafft: Die Intermediäre sind Teil des Problems, aber auch Teil der Lösung.

Die Wissenschaft ist in diesem Prozess mehr als ein Publikum, denn sie ist jenes Teilsystem der Gesellschaft, das der Wahrhaftigkeit am unerbittlichsten verpflichtet ist. Deshalb muss die Wissenschaft dazu beitragen, besser zu verstehen, wie diese neue digitale Welt funktioniert. Darüber hinaus aber müssen wir darauf beharren, dass es Fakten gibt, die alternativlos, störrisch und hartnäckig in der Meinungslandschaft stehen. „Wahrheit", sagt *Hannah Arendt*, „könnte man begrifflich definieren als das, was der Mensch nicht ändern kann; metaphorisch gesprochen ist sie der Grund, auf dem wir stehen, und der Himmel, der sich über uns erstreckt."[96]

Neuvermessung der Kommunikationsfreiheit (2017) 77 (83 f); *Paal*, Vielfaltssicherung bei Intermediären, MultiMedia und Recht (MMR) 2018, 567 (569 ff); *Schemmel*, Soziale Netzwerke in der Demokratie des Grundgesetzes, Der Staat 57 (2018) 501 (512 ff, 524 ff); *Spiecker gen. Döhmann*, Kontexte der Demokratie: Parteien, Medien und Sozialstrukturen, VVDStRL 77 (2018) 9 (53 f); aber auch *Cornils*, Vielfaltssicherung bei Telemedien, Archiv für Presserecht (AfP) 5/2018, 377 (383 ff), der zu regulatorischer Zurückhaltung rät.

[96] *Arendt* (Fn. 63) 92.

LITERATUR

Arendt, Wahrheit und Lüge in der Politik. Zwei Essays (1972 [1967]).

Balkin, Free Speech in the Algorithmic Society. Big Data, Private Governance, and New School Speech Regulation, UC Davis Law Review 51 (2018) 1149.

Berka, The Free Speech Debate, in Berka/Holoubek/Leitl-Staudinger (Hrsg.), Meinungs- und Medienfreiheit in der digitalen Ära: Eine Neuvermessung der Kommunikationsfreiheit (2017) 5.

Beurskens, „Hate-Speech" zwischen Löschungsrecht und Veröffentlichungspflicht, Neue Juristische Wochenschrift (NJW) 2018, 3418.

Bezemek, Die Unabhängigkeit der Medien vom Staat, in Berka/Grabenwarter/Holoubek (Hrsg.), Unabhängigkeit der Medien (2011) 24.

Bezemek, Freie Meinungsäußerung. Strukturfragen des Schutzgegenstandes im Rechtsvergleich zwischen dem Ersten Zusatz zur US Verfassung und Artikel 10 der Europäischen Menschenrechtskonvention (2015).

Bezemek, Hate Speech, Shitstorm und Dschihad Online: Müssen die Grenzen der Meinungsfreiheit neu vermessen werden? in Berka/Holoubek/Leitl-Staudinger (Hrsg.), Meinungs- und Medienfreiheit in der digitalen Ära: Eine Neuvermessung der Kommunikationsfreiheit (2017) 43.

Brodnig, Hass im Netz (2016).

Brodnig, Lügen im Netz[2] (2018).

Cornils, Entterritorialisierung im Kommunikationsrecht, in Veröffentlichungen der Vereinigung Deutscher Staatsrechtslehrer (VVDStRL) 76 (2017) 427.

Cornils, Vielfaltssicherung bei Telemedien, Zeitschrift für das gesamte Medienrecht (AfP) 5/2018, 377.

Di Fabio, Verwaltung und Verwaltungsrecht zwischen gesellschaftlicher Selbstregulierung und staatlicher Steuerung, in Veröffentlichungen der Vereinigung Deutscher Staatsrechtslehrer (VVDStRL) 56 (1997) 235.

Eifert, Das Netzwerkdurchsetzungsgesetz und Plattformregulierung, in Eifert/Gostomzyk (Hrsg.), Netzwerkrecht. Die Zukunft des NetzDG und seine Folgen für die Netzwerkkommunikation (2018) 9.

European Institute for Gender Equality, Gender equality and youth: opportunities and risks of digitalisation (2018).

Flamini/Tardáguila/Örsek, For-profit fact-checking is on the rise, and more teams have full-time employees, Poynter 22.7.2019, https://www.poynter.org/fact-checking/2019/for-profit-fact-checking-is-on-the-rise-and-more-teams-have-full-time-employees/.

Forgó, Digitale Ausweispflicht: Das türkis-blaue Wohlverhaltensgesetz, Der Standard 12.8.2019, https://www.derstandard.at/story/2000101325337/digitale-ausweispflicht-das-tuerkis-blaue-wohlverhaltensgesetz.

Garton Ash, Redefreiheit. Prinzipien für eine vernetzte Welt (2016).

Grabenwarter, Die Freiheit der Wahl im „postfaktischen" Zeitalter, in Berka/Holoubek/Leitl-Staudinger (Hrsg.), Elektronische Medien im „postfaktischen" Zeitalter (2019) 85.

Holoubek, Meinungsfreiheit und Toleranz – von den Schwierigkeiten einer Verantwortungsteilung zwischen Staat und Gesellschaft für einen vernünftigen Umgang miteinander, Journal für Rechtspolitik (JRP) 2006, 84.

Holznagel, Neue Herausforderung für die demokratische Öffentlichkeit und die Perspektiven für das Medienrecht, in Berka/Holoubek/Leitl-Staudinger (Hrsg.), Meinungs- und Medienfreiheit in der digitalen Ära: Eine Neuvermessung der Kommunikationsfreiheit (2017) 15.

Jestaedt, in Merten/Papier (Hrsg.), Handbuch der Grundrechte in Deutschland und Europa, Band IV (2011) Meinungsfreiheit § 102.

Kettemann/Tiedecke, Welche Regeln, welches Recht? Glawischnig-Piesczek und die Gefahren nationaler Jurisdiktionskonflikte im Internet, VerfBlog, 2019/10/10, https://verfassungsblog.de/welche-regeln-welches-recht/.

Klonick, The New Governors: The People, Rules, and Processes Governing Online Speech, Harvard Law Review (HarvLRev) 131/2018, 1598, https://ssrn.com/abstract=2937985.

Knauff, Der Regelungsverbund. Recht und Soft Law im Mehrebenensystem (2010).

Kucsko-Stadlmayer, Tatsachenmitteilungen und Werturteile: Freiheit und Verantwortung, in Koziol (Hrsg.), Tatsachenmitteilungen und Werturteile: Freiheit und Verantwortung (2018) 61.

Lang, Netzwerkdurchsetzungsgesetz und Meinungsfreiheit. Zur Regulierung privater Internet-Intermediäre bei der Bekämpfung von Hassrede, Archiv des öffentlichen Rechts (AöR) 2018, 220.

Lehofer, Grundrechte im Internet – zwischen Kommunikationsfreiheit und informationeller Selbstbestimmung, in Bundesministerium für Justiz (Hrsg.), Die Medienlandschaft 2015 – Herausforderungen für die Justiz (2016) 57.

Lewisch, Meinungsfreiheit – Hassrede – Moderne Informationstechnologien: Das Strafrecht vor neuen Herausforderungen? in Koziol (Hrsg.), Tatsachenmitteilungen und Werturteile: Freiheit und Verantwortung (2018) 81.

Lyons, Replacing Disputed Flags With Related Articles, 20.12.2017, https://newsroom.-fb.com/news/2017/12/news-feed-fyi-updates-in-our-fight-against-misinformation/.

Mayrhofer, Google, Facebook und Co, in Berka/Holoubek/Leitl-Staudinger (Hrsg.), Meinungs- und Medienfreiheit in der digitalen Ära: Eine Neuvermessung der Kommunikationsfreiheit (2017) 77.

Milker, „Social-Bots" im Meinungskampf, Zeitschrift für Urheber und Medienrecht (ZUM) 2017, 216.

Musger, „Fake News" vor den Zivilgerichten: Anspruchsinhalt und Anspruchsgegner, in Berka/Holoubek/Leitl-Staudinger (Hrsg.), Elektronische Medien im „postfaktischen" Zeitalter (2019) 55.

Paal, Vielfaltssicherung bei Intermediären, MultiMedia und Recht (MMR) 2018, 567.

Pariser, The Filter Bubble. What the Internet Is Hiding from You (2011).

Pörksen, Interview „Das Internet ist wie gemacht für Donald Trump", NZZ 19.11.2017, https://nzz.ch/video/nzz-standpunkte/das-internet-und-die-neue-medien-unordnung-ld.1328153?mktcid=nled&mktcval=107_2017-11-20.

Pörksen, Die große Gereiztheit. Wege aus der kollektiven Erregung (2018).

Pöschl, Neuvermessung der Meinungsfreiheit? in Koziol (Hrsg.), Tatsachenmitteilungen und Werturteile: Freiheit und Verantwortung (2018) 31.

Punsmann, Drei Monate Hölle, SZ Magazin 5.1.2018, https://sz-magazin.sueddeutsche.de/abschiedskolumne/drei-monate-hoelle-84379.

Rosen/Lyons, Remove, Reduce, Inform: New Steps to Manage Problematic Content, Facebook Newsroom 10.4.2019, https://newsroom.fb.com/news/2019/04/remove-reduce-inform-new-steps/.

Rost/Stahel/Frey, Digital Social Norm Enforcement: Online Firestorms in Social Media, PLoS ONE 2016, 11(6), https://doi.org/10.1371/journal.pone.0155923.

Salimi, in Höpfel/Ratz (Hrsg.), Wiener Kommentar zum Strafgesetzbuch § 67 StGB (Stand 1.3.2016, rdb.at).

Schemmel, Soziale Netzwerke in der Demokratie des Grundgesetzes, Der Staat 57 (2018) 501.

Schmidt, Social Media^2 (2018).

Schön, hate crimes – hate speeches und innerstaatliches Strafrecht, in Bundesministerium für Justiz (Hrsg.), StGB 2015 und Maßnahmenvollzug (2015) 125.

Schulz u. a., Algorithms and Human Rights. Council of Europe Study on the human rights dimensions of automated data processing techniques and possible regulatory implications, DGI(2017)12, https://rm.coe.int/algorithms-and-human-rights-en-rev/16807956b5.

Schulze-Fielitz, in Dreier (Hrsg.), Grundgesetz – Kommentar, Band I^3 (2013) Art. 5 I, II.

Schüssler, Wie Sie trotz Geosperren jedes Video sehen, Tages-Anzeiger 29.1.2017, https://tagesanzeiger.ch/digital/internet/wie-sie-trotz-geosperren-jedes-video-sehen/story/22233677.

Spiecker gen. Döhmann, Kontexte der Demokratie: Parteien, Medien und Sozialstrukturen, Veröffentlichungen der Vereinigung deutscher Staatsrechtslehrer (VVDStRL) 77 (2018) 9.

Steinbach, Meinungsfreiheit im postfaktischen Umfeld, Juristenzeitung (JZ) 2017, 653.

Steinbach, Social Bots im Wahlkampf, Zeitschrift für Rechtspolitik (ZRP) 2017, 101.

Stewart, Twitter's wiping tens of millions of accounts from its platform, VOX 11.7.2018, https://vox.com/2018/7/11/17561610/trump-fake-twitter-followers-bot-accounts.

Sunstein, #republic. Divided Democracy in the Age of Social Media (2017).

Tipold, Entscheidungsanmerkung zu OGH 10.10.2018, 13 Os 105/18t, Juristische Blätter (JBl) 2019, 187.

Townsend, Google has banned 200 publishers since it passed a new policy against fake news, VOX 25.1.2017, https://vox.com/2017/1/25/14375750/google-adsense-advertisers-publishers-fake-news.

Verza, Tackling fake news, the Italian way, 22.5.2018, https://www.rcmedia-freedom.eu/Tools/Legal-Resources/Tackling-fake-news-the-Italian-way.

Wagner, Trump adviser Kellyanne Conway says White House press secretary presented 'alternative facts', Washington Post 22.1.2017, https://washington-post.com/news/post-politics/wp/2017/01/22/trump-adviser-kellyanne-conway-says-white-house-press-secretary-presented-alternative-facts/.

Wagner/Molla, WhatsApp is fighting fake news by limiting its virality. Could Facebook and Twitter do the same? VOX 25.1.2019, https://vox.com/2019/1/25/18197002/whatsapp-message-limit-fake-news-facebook-twitter.

Weinzierl, Ein Supreme Court of Facebook – wie das Netzwerk seiner Selbst-regulierung neuen Spielraum verschaffen könnte, JuWissBlog Nr. 40/2019 vom 12.3.2019, https://www.juwiss.de/40-2019/.

Weinzierl, Difficult Times Ahead for the Facebook „Supreme Court", VerfBlog, 2019/9/21, https://verfassungsblog.de/difficult-times-ahead-for-the-face-book-supreme-court/.

Wielsch, Die Ordnung der Netzwerke, in Eifert/Gostomzyk (Hrsg.), Netzwerk-recht. Die Zukunft des NetzDG und seine Folgen für die Netzwerkkommuni-kation (2018) 61.

Wielsch, Funktion und Verantwortung. Zur Haftung im Netzwerk, Rechtswissen-schaft (RW) 1/2019, 84.

Wysling, Frankreich will Fake-News zum Verstummen bringen, NZZ 21.11.2018, https://www.nzz.ch/international/frankreich-neue-gesetze-gegen-fake-news-ld.1438302.

Zöchbauer, Gegendarstellungsrecht unter „postfaktischen" Bedingungen, in Berka/Holoubek/Leitl-Staudinger (Hrsg.), Elektronische Medien im „post-faktischen" Zeitalter (2019) 73.

MAGDALENA PÖSCHL

Derzeitige Position

–   Universitätsprofessorin am Institut für Staats- und Verwaltungsrecht an der Rechtswissenschaftlichen Fakultät der Universität Wien

Arbeitsschwerpunkte

–   Grundrechte, Gerichtsbarkeit des öffentlichen Rechts, Gewerberecht, Migrationsrecht, Forschungsrecht, Allgemeines Verwaltungsrecht

Ausbildung

2004	Habilitation an der Universität Innsbruck, Lehrbefugnis für die Fächer Verfassungs- und Verwaltungsrecht
1995	Promotion zum Dr. iur. an der Universität Innsbruck
1992	Sponsion zum Mag. iur. an der Universität Wien
1988–1992	Studium der Rechtswissenschaften an der Universität Innsbruck und an der Universität Wien

Werdegang

2004	ao. Universitätsprofessorin am Institut für Öffentliches Recht und Politikwissenschaft an der Universität Innsbruck
2004–2006	Universitätsprofessorin im Fachbereich für Öffentliches Recht – Verfassungs- und Verwaltungsrecht an der Universität Salzburg
2006–2012	Universitätsprofessorin am Institut für Österreichisches, Europäisches und Vergleichendes Öffentliches Recht, Politikwissenschaft und Verwaltungslehre an der Universität Graz
Seit 2012	Wirkliches Mitglied der Österreichischen Akademie der Wissenschaften
Seit 2012	Universitätsprofessorin am Institut für Staats- und Verwaltungsrecht an der Universität Wien

Weitere Informationen zur Autorin finden Sie unter:
https://staatsrecht.univie.ac.at/team/poeschl-magdalena/